4

T0165995

Per informazioni sulle opere pubblicate
e in programma rivolgersi a:

Edizioni Terra Santa
Via Giovanni Gherardini, 5 - 20145, Milano
Tel. +39 02 34592679
Fax + 39 02 31801980
http://www.edizioniterrasanta.it
e-mail: editrice@edizioniterrasanta.it

Progetto grafico di Elisabetta Ostini

Finito di stampare nel giugno 2015
da GESP s.r.l. - Città di Castello (Pg)
per conto di Fondazione Terra Santa

ISBN 978-88-6240-356-6

Maria Chiara
RIVA

Il canto
della fede semplice

Chiara d'Assisi, Sorella povera di Cristo

edizioni terra santa

Introduzione

Chiara *d'*Assisi, come Francesco *d'*Assisi. Ma anche Chiara *e* Assisi.

Generalmente la preposizione che lega il nome al luogo intende sottolineare la provenienza, l'appartenenza. Nella tradizione antica il nome del Santo era legato al luogo di origine, alla città che gli aveva dato i natali o che ne aveva accolto il ministero, divenendo testimone di quella santità. Veniva così espresso un legame: il Santo era qualificato da quella appartenenza e la portava con sé, nella propria identità.

Vorremmo suggerire di unire qui i due sostantivi, il nome proprio di Chiara e quello della sua città, Assisi, utilizzando la preposizione "e", a dire la relazione, la reciprocità del legame: per comprendere fino in fondo la scelta di Chiara non si può prescindere dal collocarla nel suo contesto; d'altro canto, però, la stessa città è stata segnata dalla presenza della Sorella povera, ha imparato a conoscerla e a riconoscere il valore della sua presenza.

La nostra cultura contemporanea evidenzia con una sottolineatura nuova l'aspetto della relazione. Considerando l'uomo, studiandone lo sviluppo fin dai primi momenti della vita, siamo attenti oggi a dare risalto proprio a questo aspetto. L'uomo è visto non solo dentro al suo contesto, ma in interazione con esso, in una tensione dialogica che manifesta una reciprocità. Se in passato l'identità di un individuo era attribuita al suo collocarsi in una storia ("figlio di"), oggi si tende piuttosto a cogliere come la persona definisca la propria individualità nel dialogo con l'altro, con gli altri.

Il formarsi dell'identità, così come le dinamiche sociali o economiche o i processi storici, sono sottoposti a uno sguardo olistico, che tenta di cogliere la complessità, l'insieme. Dopo aver scomposto le parti con un approccio analitico, sempre più sembra prevalere in tanti ambiti il bisogno di riguadagnare la totalità cogliendo i collegamenti tra i singoli frammenti.

Scegliamo dunque questo punto prospettico, quello della relazione, che appartiene in misura più evidente alla nostra cultura e alla nostra logica di pensiero, per leggere la vita di Chiara in rapporto al suo contesto.

Accogliamo la sfida, presumendo che questa lente possa mettere a fuoco il profilo specifico di Chiara. La categoria della relazione, espressione di un linguaggio che oggi ci è familiare, può aiutarci a cogliere i tratti salienti del carisma clariano, percependone tutta l'attualità e la significatività.

L'obiettivo che ci poniamo è dunque quello di considerare Chiara in relazione all'Assisi dell'ultimo scorcio del 1100 e della prima metà del 1200, il tempo nel quale la sua vicenda umana si è giocata. Non pretendiamo di esaurire il discorso: semplicemente ci limitiamo a rileggere le fonti mettendo in evidenza i passaggi che mostrano il legame tra la comunità di San Damiano e la vita cittadina.

Crediamo che anche questo angolo prospettico così particolare possa gettare luce su quella che è l'identità di Chiara e sulla "Forma di vita" stessa vissuta a San Damiano. *Sorelle povere*: questo è il nome che Chiara ha scelto per sé e per le sue sorelle, ad esprimere l'identità, la vocazione, la missione, il senso e lo scopo di una vita. Nel nome è già intrinsecamente detta un'apertura alla relazione: ci si percepisce sorelle *in relazione a* qualcun altro; sono altresì manifestate la consapevolezza della propria identità e la volontà di rimanere in questa relazione nella posizione dei poveri. Non solo Chiara vive questa dimensione davanti a Dio e nei confronti delle sorelle della sua comunità, o di Francesco e dei frati Minori, ma la sente vera nei riguardi di ogni fratello o sorella, di ogni uomo o donna con cui si relaziona.

La "Forma di vita" iniziata da Chiara riesce a racchiudere e a esprimere il cuore della spiritualità francescana, incarnando nella marginalità e nella piccolezza di San Damiano l'intuizione carismatica di Francesco. La comunità clariana diviene così, con tenacia e discrezione, custode di quell'idealità scoperta e vissuta dai primi compagni, la quale nelle evoluzioni della storia della *fraternitas*, segnata da crescente complessità, è necessariamente stata sottoposta ad adattamenti e trasformazioni. Chiara è icona di quel "francescanesimo non dominativo", cioè privo delle caratteristiche tipiche di ogni potere mondano, che era la modalità nuova di essere nel mondo scoperta, abbracciata e proposta da Francesco[1]. La vita di Chiara diviene così espressione di un paradosso: scegliendo la periferia di San Damiano diviene cuore e custodia dell'intuizione francescana, nuovo modello di vita religiosa all'interno della Chiesa, proposta concreta per tante donne che desiderano seguire Cristo, punto di riferimento per tanti fratelli che cercano ascolto e aiuto.

Il carisma di Chiara è rimasto vivo lungo i secoli e anche oggi, all'inizio del terzo millennio, risponde alla provocazione di incarnarsi dentro la cultura contemporanea, rimanendo aperto al dialogo con essa.

---

[1] Marco Bartoli applica a Chiara una lettura del francescanesimo degli inizi proposta da Giovanni Grado Merlo. Per un approfondimento del tema, si veda M. BARTOLI, *Chiara. Una donna tra silenzio e memoria*.

In ascolto dei testimoni

Accanto agli scritti di Chiara di cui si è a conoscenza (*Regola*, *Testamento* e *Benedizione*, quattro *Lettere* scritte ad Agnese di Boemia), altre fonti cui attingere per conoscere la sua vita, la sua esperienza di fede e il suo carisma sono gli *Atti del Processo di canonizzazione* e la *Legenda* latina scritta in occasione della canonizzazione.

Gli *Atti del Processo* raccolgono le testimonianze dirette di venti testimoni: quindici sorelle della comunità (anche se alla quindicesima testimone fa seguito la testimonianza dell'abbadessa che si fa voce dell'intera comunità) e cinque persone che conobbero Chiara nella casa paterna[1]. Nell'ottobre 1253, a due mesi dalla morte della donna, papa Innocenzo IV con la Lettera *Gloriosus Deus* invitava il vescovo di Spoleto a celebrare il *Processo di canonizzazione*, indagando sulla sua santità riguardo alla *vita* (infanzia e giovinezza), alla *conversione* (incontro con Francesco e primi passi della sequela), alla *vita religiosa* (vita in monastero) e ai *miracoli*[2].

---

[1] Cfr. G. BOCCALI (a cura di), *Santa Chiara d'Assisi. I primi documenti ufficiali.*

[2] *Gloriosus Deus*: Fonti Francescane (FF) 2919-2924. La lettera è conservata in originale nell'archivio del Protomonastero di S. Chiara, Assisi. Cfr. M. GUIDA, *Una leggenda in cerca d'autore*, p. 18ss. Per approfondire l'argomento, si veda anche M. GUIDA, "La lettera *Gloriosus Deus*: Innocenzo IV per Chiara d'Assisi", in *Frate Francesco* 77 (2011), pp. 397-417.

Questi quattro punti costituivano una griglia per formulare le domande da parte della commissione notarile e per ordinare gli argomenti cui i testimoni dovevano attenersi nelle loro deposizioni.

Le notizie raccolte dall'ascolto di chi aveva incontrato Chiara e aveva vissuto con lei sarebbero state la base per la stesura della *Legenda* ("testo da leggere"), che avrebbe diffuso la conoscenza della vita della nuova Santa[3]. Fortunatamente e quasi eccezionalmente una copia degli *Atti del Processo* è giunta fino a noi attraverso una traduzione nel volgare del 1400 operata da una clarissa del monastero di Monteluce presso Perugia, suor Battista Alfani. È possibile dunque ascoltare la voce diretta di testimoni attendibili, che narrano molti particolari della vita di Chiara e tanti fatti a cui spesso hanno potuto partecipare in prima persona.

Quello che emerge è la narrazione di un'esistenza spesa tra le mura umili del piccolo monastero di San Damiano, insieme alle sorelle accolte come dono dal Padre delle misericordie. È una vita che pone al centro la preghiera, nel respiro feriale dei giorni, quale spazio di una relazione viva con Dio. La preghiera è al cuore della vita a San Damiano, e si alterna con il tempo del lavoro dedicato ai servizi necessari in comunità, all'assistenza delle sorelle bisognose, al lavoro nell'orto, all'ascolto dei fratelli e dei poveri in parlatorio, al lavoro di cucito e di ricamo per la realizzazio-

---

[3] Cfr. M. GUIDA, *Una leggenda in cerca d'autore.*

ne di corporali[4] per le chiese. Il proprio del carisma delle *Sorelle povere*, così come Chiara l'ha vissuto e l'ha istituito, lasciandolo in eredità alle sorelle, si inserisce pienamente nell'orizzonte aperto da Francesco: vivere il Vangelo percorrendo la via del Figlio di Dio, seguendo insieme alle sorelle le sue orme di povertà e umiltà. In forma sintetica e precisa la Lettera *Solet annuere* di papa Innocenzo IV, con la quale il 9 agosto 1253 viene confermata dalla Sede apostolica la *Regola* clariana, esprime la specificità carismatica delle sorelle: «Da parte vostra ci è stato umilmente richiesto che noi ci prendessimo cura di confermare con l'autorità apostolica la forma di vita, secondo la quale dovete vivere comunitariamente in unità di spiriti e con il voto di altissima povertà»[5]. Vivere il Vangelo in povertà e in fraternità: niente di più, in fondo, ma anche niente di meno!

Le voci delle sorelle al Processo, e insieme quelle degli altri testimoni, attestano attraverso la narrazione di episodi e circostanze concrete il compiersi, in Chiara, di questa vocazione a cui ella si sente chiamata dal Padre attraverso l'insegnamento e l'esempio di Francesco. Ai fatti ambientati dentro le mura del monastero e relativi alla relazione con le sorelle, le deposizioni intrecciano alcuni episodi che riguardano i concittadini di Chiara o le vicende di Assisi.

Proprio dall'ascolto di questi racconti si può dunque cogliere il forte legame tra Chiara e la sua città.

---

[4] Lini per la celebrazione dell'Eucarestia.
[5] Cfr. la Bolla di conferma di Innocenzo IV: FF 2745.

Il contesto storico-sociale
e religioso

L'ambiente cittadino dell'Assisi del 1100-1200, sotto il profilo socio-economico e politico-istituzionale, è quello tipico dei Comuni dell'Italia centrale e settentrionale.

La società feudale era fortemente gerarchizzata, con una netta divisione tra le classi. L'ordinamento sociale era distinto in tre diverse categorie di persone: i cavalieri, che amministravano e difendevano la città; coloro che si occupavano della vita ecclesiale e religiosa dedicandosi alla preghiera e alla predicazione; infine la classe più numerosa dei lavoratori. Era evidente una stratificazione che poneva al vertice della piramide sociale la nobiltà feudale (*maiores*), che deteneva il potere, lasciando ai gradini inferiori i contadini e i servi della gleba (*minores*). Proprio in questo tempo si assiste all'ascesa dell'emergente classe della "borghesia", che attraverso le attività commerciali andava accumulando ricchezza, entrando in conflitto con la nobiltà. I contrasti che si accesero tra queste diverse classi sociali sfociarono ad Assisi in un conflitto aperto, e nei primi anni del 1200 le famiglie ricche furono costrette a lasciare la città e a riparare a Perugia.

Chiara appartiene per nascita a uno dei più importanti casati di Assisi: la corte di Favarone di Offreduccio di Bernardino fa parte del gruppo di famiglie aristocratiche che, provenendo dal contado, avevano intrapreso lungo il XII secolo un processo di inurbamento, stabilendosi nella parte più alta della città, attorno alla cattedrale di San Rufino[1]. Chiara dunque nasce in una famiglia di cavalieri nobili e potenti dell'aristocrazia assisana, ed è educata alla corte familiare secondo i princìpi della cultura cavalleresca e cortese.

Quando, dopo l'incontro con Francesco e l'ascolto delle sue esortazioni a seguire Cristo povero, ella decide di lasciare la sua casa per intraprendere la vita da "penitente", è condotta provvisoriamente da Francesco e dai suoi frati presso il monastero benedettino di S. Paolo delle Abbadesse, dove rimane per pochi giorni prima di essere accompagnata a S. Angelo di Panzo, luogo in cui probabilmente si trovava un'altra comunità di donne.

Studi recenti hanno ricostruito una mappatura del territorio umbro dell'epoca evidenziando i diversi insediamenti religiosi presenti. È interessante constatare una presenza diffusa e capillare dei monasteri benedettini maschili (una sessantina), a fronte di solamente cinque presenze di cenobi femminili sicuramente attestati; netta è la prevalenza, da considerarsi normale e naturale, dei

---

[1] Cfr. M. Bartoli, *Chiara. Una donna tra silenzio e memoria*, pp. 38ss.

monasteri rurali rispetto agli insediamenti urbani[2]. Accanto agli insediamenti che gravitavano intorno al grande alveo benedettino, emerge una presenza religiosa legata agli istituti canonicali, agli ordini religioso-militari e ospedalieri, insieme a qualche infiltrazione dei movimenti ereticali e, in misura minore e sporadica, all'affacciarsi di bizzoccaggi o reclusori, che accoglievano le nascenti forme attuate dalle beghine o dalle eremite urbane. Tutto ciò testimonia il risveglio religioso maschile e femminile e il fermento che attraversava la società medievale.

---

[2] Per approfondire l'argomento, cfr. G. CASAGRANDE, "Chiara, Anno 1211", in *Intorno a Chiara*, p. 27-44.

Il rapporto tra Chiara
e la sua città

AL CENTRO DELLA CITTÀ

«Era del più nobile parentado de tutta la città de Assisi»

Chiara nasce ad Assisi nel 1193 (o 1194). Le quattro figure maschili ascoltate al Processo testimoniano non solo la sua nobiltà, ma il suo appartenere a una delle più nobili famiglie di tutta la città, da parte di padre e di madre: suo padre Favarone fu nobile e potente in città e della sua parentela facevano parte sette cavalieri, tutti nobili e potenti[1]. Per la condizione sociale della famiglia Chiara è posta immediatamente in una posizione elevata nella scala sociale ma anche – simbolicamente – nella geografia di Assisi: la sua casa si affaccia sulla piazza della cattedrale di San Rufino. Nella valle oltre le pendici del Subasio, ben al di là delle mura della città, vivono i più poveri, i marginali,

---

[1] Cfr. le testimonianze di messere Ugolino de Pietro Girardone (*Proc* XVI,1: FF 3116), di messere Ranieri di Bernardo di Assisi (*Proc* XVIII,4: FF 3134), di Pietro di Damiano (*Proc* XIX,1: FF 3138), di Giovanni di Ventura (*Proc* XX,2-3: FF 3141-3142).

quelli che nulla contano e che vengono esclusi, allontanati anche fisicamente. Per l'educazione ricevuta dalla madre e per sensibilità personale, la giovane Chiara non ha mai dimenticato quei poveri. Bona di Guelfuccio, che aveva vissuto in casa con lei appartenendo alla sua corte, afferma che ella mandava i cibi ai poveri e che più volte la stessa testimone ve li aveva portati[2]. Anche sora Pacifica, sorella di Bona, afferma che Chiara amava molto i poveri e che per la sua condotta di vita tutti i cittadini la veneravano grandemente[3]. Sora Benvenuta da Perugia, che aveva dimorato nella stessa casa di Chiara prima di entrare in monastero, probabilmente durante il periodo dell'esilio a Perugia della famiglia di Favarone, aggiunge che «per la sua molta onestà, benignità et umiltà» era molto venerata da tutti quelli che la conoscevano[4]. Se i gesti di attenzione attestano una vicinanza della giovane alla realtà dei fratelli più bisognosi, è vero però che questo è ancora un movimento dall'*alto verso il basso*. Non era certo raro, del resto, assistere ad atti di generosità da parte dei nobili che, dall'alto della loro ricchezza, accondiscendendo anche a un richiamo religioso, davano qualcosa in elemosina ai poveri.

La scelta che Chiara opera lasciando la sua casa per abbracciare una nuova vita si pone, dentro quel contesto, come gesto di rottura, sconvolgendo l'ordine delle cose. Non solo

---

[2] *Proc* XVII,1.7: FF 3123.3129.
[3] *Proc* I,3: FF 2927.
[4] *Proc* II,2: FF 2945.

infatti Chiara decide di resistere alle pressioni da parte dei parenti che le proponevano nozze convenienti – come era prassi per le giovani del suo rango – per seguire la strada della vita religiosa. La sua è una risoluzione che la porta a escludersi dai privilegi riservati ai ricchi per abbracciare volontariamente la condizione dei poveri[5]. Il passo compiuto da Chiara si pone precisamente nella direzione già intrapresa da Francesco. Per lui la conversione aveva determinato di non cercare più di ascendere verso la rocca, simbolo del sogno di diventare cavaliere, bensì di discendere verso la valle, dove avevano casa i lebbrosi. Anche Chiara intraprende il cammino di discesa nel desiderio di vivere povera tra i poveri, ponendosi quindi al loro stesso livello, in basso[6].

Come per Francesco la scelta di diventare *frate minore* era il risultato di un rovesciamento globale di prospettiva iniziato dal suo incontro con i fratelli lebbrosi, icona tangibile del Crocifisso povero, così per Chiara la decisione di percorrere la Via del Figlio di Dio, seguendolo sulla strada della povertà e della minorità conosciuta attraverso Francesco, ha la medesima forza e radicalità di un ribaltamento sorprendente e clamoroso. Ne è prova la reazione accesa e addirittura violenta dei suoi familiari, che si oppongono drasticamente alla sua scelta, e a quella poi della sorella Agnese[7], che se-

---

[5] Cfr. M. Bartoli, "La conversione di Chiara d'Assisi".

[6] Cfr. P. Maranesi, *Chiara e Francesco. Due volti dello stesso sogno*, p. 23ss.

[7] L'opposizione riguardava direttamente la parte maschile della casa; le fonti attestano che invece non solo Agnese, ma anche l'altra sorella, Beatri-

guirà Chiara a poca distanza dalla sua partenza[8]. Le famiglie nobiliari miravano a consolidare la propria sicurezza economico-sociale intessendo una fitta rete di alleanze anche attraverso matrimoni di convenienza; con il loro proposito mite ed eversivo, Chiara e la sorella sparigliano le carte del disegno stabilito, causando inevitabilmente una reazione durissima[9]. L'opposizione familiare è netta[10] e motivata dal fatto che la giovane non sta solo scegliendo di abbracciare la vita religiosa, ma sta intraprendendo questa vita facendosi povera. C'è in lei un esplicito rifiuto della *nobilitas* per abbracciare la *vilitas*, la condizione degli ultimi[11]. Coerentemente con quello in cui crede, ella non vende ai propri parenti l'eredità cui ha rinunciato, benché questi siano disposti a riconoscere il prezzo più alto, ma – come ricorda sora Cristiana, tredicesima testimone – vende ad altri perché i poveri non siano defraudati. La decisione di Chiara si carica di un valore dimostrativo, indicando un'esplicita scelta di

---

ce, e la madre di Chiara entreranno a San Damiano, insieme ad altre donne della famiglia.

[8] Cfr. M. GUIDA, "Chiara d'Assisi: dalla conversione alla promessa di obbedienza a Francesco".

[9] Cfr. F. ACCROCCA, *La conversione di Chiara d'Assisi. Un percorso attraverso le Fonti*, p. 49ss.

[10] Dopo più di quarant'anni, cinque testimoni ricordano e riferiscono la reazione dei parenti alla scelta di Chiara: la sorella minore, sora Beatrice (*Proc* XII,3-4), sora Cristiana (*Proc* XIII,1), messere Ranieri (*Proc* XVIII,2-3), Pietro di Damiano (*Proc* XIX,1-2) e Giovanni di Ventura (*Proc* XX,6).

[11] Sull'argomento cfr. C.A. ACQUADRO, *Sulle orme di Gesù povero*, in particolare p. 35ss.

campo; non salvaguarda le proprietà familiari assicurandole tra la parentela, ma se ne espropria completamente. È un gesto forte di rottura dal sapore tutto evangelico, che dice la volontà di intraprendere la sequela di Cristo sulla via della povertà: tanto significativo per Chiara, che lo chiederà a ogni giovane che intenda abbracciare la "forma di vita" delle *Sorelle povere*, come scriverà nella *Regola*[12].

Gli inizi per la Santa di Assisi segnano dunque un movimento "in uscita" (dalla cerchia familiare, dal rango sociale, dalle tradizioni, dalla mentalità mondana), un movimento "dal centro" della piazza assisana "alla periferia" del piccolo monastero di San Damiano, e un movimento "in discesa" dall'alto della propria posizione alla pianura dove hanno casa i poveri, seguendo la via di discesa del Figlio che da ricco si è fatto povero per noi (2Cor 8,9), che «pur essendo nella condizione di Dio, non ritenne un privilegio l'essere come Dio, ma svuotò se stesso assumendo una condizione di servo» (Fil 2,6-7). Chiara, con la determinazione di chi vuole aderire alla chiamata di Dio, avendo sentito nelle parole di Francesco la Parola del Signore, parte affrontando e superando una barriera che non è solo quella della porta sbarrata della sua casa o delle mura di Assisi chiuse durante la notte, ma che più profondamente è la barriera della propria condizione sociale e delle convenzioni pubbliche legate al suo essere donna e nobile.

---

[12] «E se sarà idonea, le si dica la parola del santo Vangelo: che vada e venda tutte le sue cose e procuri di distribuirle ai poveri» (*RsC* II,8: FF 2757).

La scelta di Chiara non rimane isolata: poco dopo sarà seguita da sua sorella Agnese e poi da altre giovani, che per lo più provengono dall'ambito consortile di Chiara o da famiglie dell'aristocrazia della valle spoletana[13]. La via della povertà intrapresa è quindi fin da subito percorsa in fraternità. La reazione di contrasto suscitata dalla figlia di Favarone riguarda certamente anche i parenti delle altre: è facile pensare al subbuglio causato in Assisi da queste donne determinate a vivere il Vangelo in povertà e fraternità, dando origine a una comunità che, pur essendo in qualche modo assimilabile alla tradizione monastica quanto a una vita comunitaria organizzata nell'alternanza tra preghiera e lavoro risiedendo stabilmente nel monastero, si distanzia però evidentemente da questa riguardo allo stile, che assume una forma propria secondo la modalità della *fraternitas* minoritica.

Il legame tra la comunità di San Damiano e Francesco e i suoi frati è imprescindibile per Chiara. Proprio attraverso la mediazione del padre san Francesco, ella ha compreso la chiamata di Dio sulla propria esistenza, iniziando una nuova "forma di vita"[14]. L'unica certezza di quegli inizi era il desiderio fermo di vivere il Vangelo con il sostegno dei frati, nella sfida di dare concretezza al sogno ispirato dallo Spirito di Dio, che chiedeva la pazienza e la sapienza di in-

---

[13] Per approfondire, cfr. G. CASAGRANDE, "Le compagne di Chiara", in *Intorno a Chiara,* pp. 45-80.

[14] Per un'analisi dettagliata della *Regola* clariana, cfr. FEDERAZIONE S. CHIARA DI ASSISI, *Il Vangelo come forma di vita. In ascolto di Chiara nella sua Regola.*

carnarsi in una forma adatta. Fin da subito infatti era stato chiaro che l'ingresso di Chiara nella fraternità francescana, con la promessa di obbedienza a Francesco e la tonsura ricevuta dalle mani di lui nella chiesetta della Porziuncola la notte seguente la domenica delle Palme del 1211 o 1212[15], avrebbe richiesto la ricerca di un luogo e di una modalità idonei a delle donne per vivere il medesimo ideale dei fratelli. Il travaglio di questo processo di ricerca non è stato solo legato alla necessità di "inventare" un modo nuovo, nell'ascolto dello Spirito e nel dialogo con la Chiesa; si è trattato infatti anche di affrontare la fatica dell'incomprensione e dell'opposizione di tante persone, che all'inizio doveva realisticamente aver avuto un peso non indifferente. Chiara, nel suo *Testamento* scritto al termine della vita, ricordando quegli inizi parla di «indigenza, povertà, fatica, tribolazione, ignominia e disprezzo del mondo», a cui le sorelle non si sottraevano tanto che, vedendole così determinate, Francesco promise da parte sua e dei suoi frati di avere sempre di esse «diligente cura e speciale sollecitudine»[16].

Dunque la scelta di Chiara, assetata di vivere con coerenza e radicalità il Vangelo perché consapevole di aver incontrato e riconosciuto l'amore del Padre delle misericordie

---

[15] La fuga di Chiara dalla casa paterna, il suo arrivo alla Porziuncola e l'ingresso nella *fraternitas* minoritica sono narrati dall'agiografo nella *Legenda* (*LegsC* 4: FF 3167-3172), che riprende alcune testimonianze al Processo (*Proc* XII,4; XVI,6; XVII,5; XVIII,3; XX,6).

[16] *TestsC* 27-28: FF 2832.

nella piccolezza del Bimbo di Betlemme, nell'umiltà dei gesti e della vita del Figlio di Dio e nella povertà e nudità del Crocifisso – scelta che diventa immediatamente richiamo per altre donne che diventano le sue prime compagne – si scontra con l'opposizione violenta degli uomini dell'aristocrazia, custodi e garanti dei privilegi della propria classe.

Chiara e le sorelle, in questo confronto, si rafforzano nella propria identità e iniziano a mettere a fuoco i cardini del proprio carisma; la fatica incontrata forgia il profilo della comunità e affina la determinazione che maturerà poi nella richiesta alla Sede apostolica del *Privilegio della povertà*, con il quale si chiederà di poter vivere comunitariamente senza possedimenti o rendite[17]. La fermezza di Chiara nel dialogo con papa Gregorio IX e la sua perseveranza nel chiedere che lei e le sorelle non fossero obbligate da alcuno a ricevere possedimenti devono aver suscitato non poca sorpresa, unita alla stima per un tale proposito, tanto che l'episodio del confronto/scontro con il Pontefice viene menzionato esplicitamente anche nella *Bolla di canonizzazione*[18], testo ufficiale con cui si riconosceva la santità della donna. L'episodio è stato raccontato dalle prime tre testimoni al Processo, presenti durante l'incontro tra i due, ma

---

[17] La sussistenza delle comunità claustrali veniva abitualmente garantita attraverso le rendite che scaturivano dai possedimenti e dalle proprietà del monastero; in questi casi il voto di povertà riguardava la dimensione personale, e non comunitaria.

[18] *BolsC* 17: FF 3302.

è soprattutto l'agiografo che lo narra mostrando con grande efficacia la risolutezza di Chiara, di cui riporta in forma diretta le parole rivolte al Papa: «Il Pontefice le rispose: "Se temi per il voto, noi te ne assolviamo". "Santo padre – replicò lei – non desidero affatto essere in perpetuo assolta dalla sequela di Cristo"»[19]. Il motivo di tanta fermezza davanti alle pressanti insistenze di papa Gregorio, operate con la premura di venire in soccorso ai bisogni materiali di quelle donne che vivevano una vita interamente dedicata a Dio nella forma claustrale, sta nella consapevolezza e nella volontà di Chiara di difendere la "forma di vita" che Francesco aveva dato a lei e alle sorelle, e quindi ultimamente la sostanza della sua vita che, sull'esempio di Francesco e dei suoi frati, era spesa nell'amore di Cristo e delle sorelle, in povertà e semplicità. Rinunciare a questo avrebbe significato mettere in dubbio la sua appartenenza all'Ordine francescano e, ancor più, venire meno alla vocazione ricevuta.

LA PERIFERIA DI SAN DAMIANO

«Andò a stare al loco de Santo Damiano»

Perché la scelta di andare ad abitare presso la chiesa di San Damiano? Sono Francesco e i suoi frati ad aver condot-

---

[19] *LegsC* 9: FF 3187.

to Chiara lì, in quel luogo così significativo e carico di memoria in riferimento agli inizi della fraternità francescana.

Molti e approfonditi studi hanno cercato di delineare la tipologia e la struttura del monastero, per ricostruire la storia degli inizi, per descrivere il tipo di vita condotto dalle sorelle, la dimensione della clausura, il rapporto con i frati. Vogliamo qui semplicemente riconoscere che la fisionomia del monastero di San Damiano, la sua posizione geografica e la sua collocazione in relazione agli inizi della storia di Francesco, rendono questo luogo pienamente espressivo dell'identità del carisma clariano.

A San Damiano Chiara trova le condizioni idonee per tradurre nella concretezza della vita il sogno evangelico[20]. Fuori dalle mura della città, eppure sufficientemente vicino ad essa per accoglierne il respiro e per raccogliere il rumore del vivere della gente, per custodire l'eco di gioie e sofferenze, di fatiche e di speranze. Lungo la via, perché ogni pellegrino potesse trovare accoglienza e ascolto. Ai margini, in periferia, e proprio per questo nel punto più adatto a cogliere la giusta prospettiva. Vicino ai poveri, agli ultimi, agli esclusi: finestra aperta su di loro per tutti quelli che, dalla città, sarebbero scesi a incontrare le sorelle. San Damiano diventa così il luogo in cui Chiara può vivere come "sorella dei poveri", parlando con loro il medesimo linguaggio e parlando di loro a quelli della "città

---

[20] Cfr. P. Maranesi, *La clausura di Chiara d'Assisi*, p. 71ss.

alta". Stabilendosi a San Damiano, Chiara "costringe" in un certo senso gli abitanti di Assisi a ridurre la distanza e la separazione nei confronti degli emarginati, di quelli confinati "fuori", ponendosi come luogo di mediazione, lungo il confine, accessibile a tutti. La scelta di Chiara in un certo senso è così: liminale. Dentro il solco monastico eppure fuori dalla tradizione e dalle strutture, prossima ai poveri eppure "ritirata" e custodita nel silenzio.

La vita a San Damiano è caratterizzata da uno stile di semplicità e di povertà e da una forte dimensione fraterna. Il piccolo luogo del monastero è lo spazio condiviso dalle sorelle nel loro cammino di sequela[21]. Dimorando stabilmente in comunità, esse si percepiscono pellegrine e forestiere, completamente abbandonate nelle mani del Donatore, il Padre delle misericordie. Proprio il volto di misericordia di Dio, quello stesso volto che Francesco aveva conosciuto nei tratti sfigurati dei volti dei fratelli lebbrosi, capovolgendo il proprio universo di ricerca e iniziando a "fare misericordia" con loro, è l'immagine di cui quotidianamente Chiara fa esperienza. Da qui nasce la sua fiducia nell'amore provvidente di Dio, che si prende cura come padre di tutte le sue creature. È un'esperienza spirituale profondissima per Chiara, che permea la sua esistenza, che coinvolge i suoi affetti, che motiva i suoi gesti. C'è in lei la consapevolezza assoluta del proprio essere figlia amata, che

---

[21] Cfr. C.G. CREMASCHI, *Chiara d'Assisi. Un silenzio che grida.*

tutto riceve dalle mani di un Dio che è Padre: da questa intima certezza non può che sgorgare l'incessante canto di lode e di rendimento di grazie. La testimonianza di sora Benvenuta lascia spazio alle parole stesse di Chiara, riportando quanto ella udì sussurrare dalla madre nell'imminenza della sua morte, parlando all'anima sua: «Va' in pace, perché averai bona scorta; però che quello che te creò […] te ha guardata come la madre lo suo figliolo piccolino»[22]. Chiara, nel momento estremo dell'ultima consegna, quella a sorella morte, sente tutta la fiducia e la serenità dell'abbandono nelle mani buone di Dio, che dona la vita e desidera le cose buone per ogni suo figlio. È un Dio che assume i tratti di tenerezza dello sguardo di una madre che contempla il proprio figlio piccolino che ama, sguardo compiaciuto, vigile, premuroso. Chiara può giungere così a questo momento perché per tutta la vita si è sentita custodita, guidata, sostenuta, accompagnata dal Padre delle misericordie; anche nei momenti più duri di fatica, di sofferenza, di solitudine umana, non sono mancate la certezza della sua presenza e la speranza nella provvidenza divina.

Chiara crede in un Dio così, il Dio di Gesù Cristo che è padre e madre, presenza affidabile e vicina, nella concretezza del vivere. Impara ad avere in sé gli stessi sentimenti del Figlio di Dio[23], il Signore Gesù povero e crocifisso, seguendone la via. Ella rimane nella contemplazione del

---

[22] *Proc* XI,3: FF 3082.
[23] Cfr. Fil 2,5.

Figlio, il Verbo che è da sempre rivolto verso il seno del Padre[24]. Ogni giorno Chiara scruta il proprio volto nello specchio che è il Figlio di Dio[25]: può così riconoscere i propri lineamenti nei tratti di quelli di Gesù. In quello specchio vede[26] al principio la povertà di colui che è il Re degli angeli, Signore del cielo e della terra, reclinato in una mangiatoia, avvolto in pannicelli. Vede poi la sua umiltà, le fatiche e le sofferenze che egli sostenne per redimere gli uomini; contempla la carità con cui egli volle patire sull'albero della croce e su di esso morire della morte più vergognosa, per amore degli uomini. L'adesione a Cristo investe tutta la sua persona. Scrivendo ad Agnese di Boemia[27], Chiara la invita a compiere quello che lei stessa fa: sulla parola di Gesù che chiede di amare Dio con tutto il cuore, con tutta la mente e con tutta l'anima[28], ella *pone la sua mente nello specchio dell'eternità*, scrutando con l'intelligenza il mistero di Dio e la sua verità; *pone la sua anima nello splendore della gloria*, rimanendo davanti alla Sapienza crocifissa: come esplicita sempre l'evangelista Giovanni, proprio l'ora della croce è quella della rivelazione piena della gloria divina, della manifestazione definitiva della verità e della bellezza dell'amore di Dio. *Pone infine il suo cuore nella figura della divina sostanza*, in Gesù che

---

[24] Cfr. Gv 1,1.
[25] Cfr. *4LAg* 14-15: FF 2902.
[26] Cfr. *4LAg* 19-23: FF 2904.
[27] Cfr. *3LAg* 12-13: FF 2888.
[28] Cfr. Mt 22,37.

è icona dell'amore, "sostanza" di Dio. E così giunge a trasformarsi, attraverso la contemplazione, nell'immagine della sua divinità. L'itinerario che Chiara propone nelle *Lettere* che invia ad Agnese è il cammino che ella stessa compie, avanzando sicura, gioiosa e alacre sul cammino della beatitudine con corsa veloce, passo leggero e senza inciampi ai piedi, così che i passi non raccolgano nemmeno la polvere[29]. È un percorso, quello delineato da Chiara, che parte dal guardare Gesù nella sua umanità per poi fermarsi a considerare con l'intelligenza i misteri della sua vita; la contemplazione, il passo successivo, è entrare con il cuore in quanto si sta meditando, e lasciare che quelle verità entrino a loro volta nella propria vita. Il passo finale non può che essere quindi il desiderio di imitare Gesù, di fare ciò che egli ha fatto, di amare come egli ha amato. Queste tappe[30] di un semplice ma profondissimo itinerario di preghiera che Chiara propone con la saggezza e la persuasione di chi è solita camminare su quel sentiero, dimostrano che per lei la meta è quella di vivere il Vangelo e di lasciare che il Vangelo prenda carne nella sua esistenza e la trasformi.

È interessante allora rileggere tanti episodi della sua vita a San Damiano, nell'umile ferialità del quotidiano, trovandovi manifestato il frutto di quell'adesione a Cristo. L'amore di Dio orienta lo sguardo a cogliere il bisogno, la sofferenza, le attese delle sorelle; la carità muove le mani

---

[29] Cfr. *2LAg* 12-13: FF 2875.
[30] Cfr. *2LAg* 20: FF 2879.

nei gesti di servizio affettuoso e di cura amorevole, di sollecitudine discreta e di condivisione gioiosa; la misericordia spinge i passi a farsi prossima dell'altra, a chinarsi sulle sue ferite, a versare l'olio della consolazione e il vino della speranza. Tutto questo è vero primariamente nella relazione con le sorelle, spazio abituale in cui Chiara si muove, luogo in cui incarnare il desiderio di seguire e servire il Maestro. Ma pur vivendo una vita ritirata entro le mura del monastero, nelle modalità che la clausura consente, non mancano molti e significativi esempi in cui la Santa assisana si lascia essere trasparenza di Vangelo nei confronti della gente della sua città.

Lungo i quarant'anni della sua vita in monastero, molti dei quali segnati dalla malattia e dalla sofferenza fisica che la limitavano nella possibilità di muoversi autonomamente e la costringevano a rimanere stesa su un povero giaciglio, la donna resta in relazione con tanti fratelli e sorelle, mantiene vivo un legame che cresce.

Dopo quell'inizio che aveva sconvolto i normali e condivisi riferimenti della mentalità corrente e i valori culturali e sociali del tempo, la popolazione di Assisi impara a conoscere la nuova "forma di vita" che le sorelle a San Damiano stanno vivendo, riconoscendo in quella modalità l'autenticità evangelica. Per i poveri è più immediato: non è difficile vedere in quelle donne delle sorelle, che liberamente hanno scelto di mettersi al loro livello nella concretezza di una vita povera che si sporca le mani col lavoro e che, quelle mani, osa tenderle con fiducia, chiedendo la carità dell'elemosina quando il frutto del proprio lavoro non fosse sufficiente per l'indispensabile. Ma anche i più ricchi, i nobili, giungono a riconoscere che quella scelta di Chiara, pazza della stessa pazzia evangelica di Francesco, ha un sapore di verità e di santità.

Le sorelle al Processo testimoniano tutta una serie di gesti operati a favore della gente di Assisi o dei dintorni. Ripercorriamo quelle narrazioni che parlano del legame stretto tra Chiara e la sua città lasciando trasparire il cuore della sua scelta di vita.

Sora Filippa, e poi anche sora Francesca, raccontano che «uno mammolo», ossia un piccolo bimbo, figlio di messere Giovanni procuratore del monastero, avendo la febbre alta fu condotto a sorella Chiara, la quale fece su di lui il segno della croce, procurandone la guarigione[31]. In un tempo in cui non era facile fare diagnosi accurate e intervenire efficacemente anche nelle malattie più comuni con i rimedi idonei, i soggetti più deboli spesso non riuscivano a superare il male. Ecco che allora il padre affida il piccolo alle mani e alla fede di Chiara, riconoscendone con fiducia la capacità di operare il bene per lui.

Anche Mattiolo, un bimbo di tre o quattro anni, «uno mammolo de la città de Spoleto» fu condotto da Chiara dopo che si era messo una piccola pietra in una narice rischiando di soffocare. Sempre facendo su di lui il segno della croce,

---

[31] *Proc* III,15; IX,6: FF 2981; 3064.

Chiara lo liberò e «subito li cascò quella petrella dal naso»[32]. Un altro bambino fu portato da Perugia, avendo una macchia che gli copriva tutto l'occhio: Chiara toccò l'occhio e fece il segno della croce; inviò quindi il piccolo a sua madre Ortolana, che pure si trovava in monastero, affinché facesse lo stesso segno della croce su di lui[33]. È possibile cogliere da queste narrazioni una sensibilità e un'attenzione particolare verso i bambini. È un tratto tipicamente materno, che rivela il cuore di Chiara e il suo amore per i piccoli. In essi vedeva l'immagine del piccolo Bimbo di Betlemme, di cui sempre considerava la povertà e l'umiltà, contemplandolo reclinato nel presepe insieme a Maria, la sua Madre poverella.

Il fatto che Chiara fosse diventata un punto di riferimento nel momento del bisogno si legge anche nel racconto di sora Balvina, che narra della guarigione di una donna originaria di Pisa. Quella donna si era poi personalmente recata a San Damiano per rendere grazie a Dio e per ringraziare la stessa Chiara. Accanto ai gesti di guarigione, che come si è visto varcavano i confini di Assisi, il suo intervento è chiesto anche dentro la situazione difficile di relazioni interrotte. Il cavaliere di Assisi Ugolino di Pietro Girardone, sedicesimo testimone, riferisce un episodio di cui egli era stato protagonista[34]: da ventidue anni viveva separato dalla moglie Guiduzia, che

---

32 *Proc* II,18: FF 2961.
33 *Proc* IV,11: FF 3009.
34 *Proc* XVI,9: FF 3119.

aveva lasciato e rimandato a casa dei suoi genitori senza che alcuno, tra tante persone che lo avevano esortato, fosse riuscito a convincerlo a riaccogliere la donna. L'intervento di Chiara, che gli aveva predetto che insieme avrebbero avuto un figlio, ebbe il potere di convincere l'importante cittadino di Assisi alla riconciliazione.

Sora Cecilia racconta poi di «alcuni altri» che furono portati al monastero per essere guariti dalla santa madre, e da essa liberati con il segno della croce[35]. E sora Benvenuta precisa che se fosse accaduto che qualche persona avesse fatto qualcosa contro Dio, la madre piangeva ed esortava quella tale persona, e le predicava sollecitamente che tornasse a penitenza[36].

Sono episodi, quelli menzionati, che parlano di una fede semplice e che rivelano la vicinanza di Chiara ai fratelli, alle loro fatiche, alle loro sofferenze. Gli interventi raccontati contribuiscono a raffigurare il quadro di vita di San Damiano: una comunità a cui, con semplicità e fiducia, ci si poteva rivolgere, sentendo di ricevere una parola di speranza, un gesto di bene, un segno di premura e di consolazione. L'operare di Chiara è rivolto alla gente semplice, ai piccoli, a chi viveva arroccato nella propria chiusura, incapace di perdonare: lì, nella vita quotidiana della gente normale ella sapeva lasciar cadere la buona notizia del Vangelo, che è dono di vita, di libertà, di pace.

---

[35] *Proc* VI,9: FF 3032.
[36] *Proc* II,10: FF 2953.

SAN DAMIANO CON LA CITTÀ

«Dio per le sue orazioni defese la città de Assisi da lo assedio»

Se il rapporto tra Chiara e la gente di Assisi, come dimostrato dagli episodi considerati, è passato da un'opposizione e un sospetto iniziali a una sempre più profonda fiducia, che portò tante persone nel momento della malattia e dell'angoscia a cercare l'aiuto di quella che era ormai ritenuta una donna di Dio e madre santa, c'è un momento in cui la città intera si affida alla sua intercessione.

Le fonti riportano due episodi di estremo interesse. Tra le testimonianze al Processo, ve ne sono ben dieci che raccontano alcuni fatti accaduti in città negli anni 1240-1241. È un momento di grave pericolo per la cittadina umbra, attraversata da tensioni e conflitti. Superati in parte i contrasti civili in seno al Comune e le diatribe tra nobili, borghesi e gente del popolo, si acuiscono i conflitti con Perugia e con altre città vicine, scatenando qualche battaglia. La lotta tra papato e impero raggiunge livelli di elevata intensità, in un gioco di alleanze e di conflitti tra le opposte fazioni. Assisi e altri borghi della valle spoletana vengono assaliti dai "Saraceni", soldati di ventura schierati tra le fila dell'imperatore Federico II. Lo stesso monastero di San Damiano subisce un assalto da parte dei mercenari, che salgono le mura determinati a introdursi dentro il chiostro. È per le sorelle un momento di massima povertà e impotenza, mentre si trovano sole e indifese a fronteggiare questa violenza: la reazione naturale della paura sa però lasciare spazio alla fiducia rinnovata nella presenza di Dio, custode e difensore. Narra l'agiografo che Chiara, malata e inferma, si fa condurre alla porta, facendosi precedere dalla cassetta che custodiva l'Eucaristia. È consapevole di non avere altro potere che quello della preghiera gridata con la fede nuda dei poveri. Davanti a quel grave pericolo, sceglie di fare quello in cui crede: abbandonarsi come una povera nelle mani di Dio per la vita delle sorelle. Il racconto delle sorelle vibra di devozione e ammirazione verso la madre, ma sono le parole della *Legenda* a trasmettere in modo vivido il contenuto della preghiera di Chiara: «Prostratasi lei in orazione al suo Cristo, tra le lacrime disse: "[...] Custodisci, Signore, te ne prego, queste tue serve, che io non posso nel presente frangente custodire. [...] Mio Signore – disse –, se a te piace, salva anche questa città che ci sostenta per tuo amore"»[37].

Non è questo del resto l'unico episodio ricordato dalle fonti in cui la preghiera di Chiara si è posta a servizio di intercessione per la città. L'anno seguente, nel giugno del 1241, Assisi subisce un altro violento attacco da parte delle truppe di Vitale di Aversa, capitano dell'esercito imperiale, il cui scopo è di espugnare la città. La notizia raggiunge Chiara: San Damiano è ormai considerato un luogo legato alla città e quelle donne vengono coinvolte dai cittadini nelle vicende che attraversano la loro storia e

---

[37] *LegsC* 14: FF 3202.

le vie del loro paese. La risposta di Chiara è immediata e si manifesta nel segno della povertà e della fraternità che ella ha posto come criteri di vita. Appena saputo dell'imminente pericolo, Chiara «se ne dolse grandemente, chiamò a sé le sorelle e disse: "Carissime figlie, da questa città ogni giorno riceviamo molti beni; sarebbe grande empietà se al momento della necessità non le venissimo in soccorso come possiamo". Ordina di portare della cenere, e che le sorelle si scoprano il capo. Poi, prima cosparge di molta cenere il capo suo scoperto, quindi impone la cenere sulle loro teste. "Andate – disse – da nostro Signore e con tutto l'affetto implorate la liberazione della città"[38]».

M. Bartoli[39] offre una lettura davvero molto bella e preziosa di questi episodi, proponendo alcune sottolineature profonde. Riprendo qui alcune sue considerazioni, riformulandole nella prospettiva della relazione tra Chiara e Assisi. «Sarebbe grande empietà» per Chiara non rimanere a fianco dei fratelli nel bisogno, intercedendo per loro. Il suo essere *sorella povera* si gioca tutto nella risposta che offre alla richiesta di aiuto ricevuta: la potenza di una preghiera umile. È forza che si manifesta nella debolezza, diventando trasparenza della presenza del Dio-con-noi.

---

[38] *LegsC* 15: FF 3203.

[39] Bartoli propose un'interpretazione di tali episodi nel suo intervento, dal titolo "La provocazione di Chiara, oggi", alla XXXVI Assemblea generale dell'Unione Conferenze Ministri Provinciali delle Famiglie Francescane d'Italia (Napoli, 5-10 marzo 2012).

La risposta di Chiara parte da un desiderio di restitu-
zione, cosciente del bene ricevuto dalla città, attraverso
la generosità, la confidente fiducia e la premura di tanti
fratelli. "Come può" Chiara viene in soccorso: sa che
può porsi al fianco dei fratelli e alzare le mani verso Dio.
È consapevole della propria piccolezza, della realtà di
peccato che accomuna tutti gli uomini, e la riconosce
nel gesto penitenziale del cospargere il capo di cenere
in segno di penitenza e di conversione. È una povera
che si inginocchia davanti al suo Signore per intercedere
per i suoi fratelli, e non lo fa da sola, ma in cerchio insieme alle sue sorelle, coinvolgendo tutte nella preghiera
col cuore per la città. Nel momento del pericolo, Chiara
non cerca protezione e sicurezza, ma rimane al fianco
dei suoi fratelli, dentro le loro paure. È pienamente li-
bera, nell'intima certezza che la sua vita è consegnata
nelle mani del Padre, e lì custodita con cura. Non teme
allora di offrire il suo corpo come scudo. È il gesto bello
ed eloquente di chi, inerme, continua a consegnarsi con
fiducia, scegliendo di *rimanere*. Anche oggi nella Chiesa tante sorelle e fratelli sanno percorrere la medesima
via di consegna, nella condivisione per amore. È ciò che
hanno fatto recentemente le sorelle in Ruanda durante
i giorni terribili del genocidio, o in Africa centrale e in
tante situazioni di grave tensione, o come hanno fatto i
monaci di Tibhirine in Algeria, e tanti altri come loro, ca-
duti come seme buono a fecondare con ferma speranza
e pienezza di amore la terra.

Il ritorno tra le mura della città e la sfida di rimanere Sorelle povere

Nel 1253, dopo quarant'anni trascorsi a San Damiano, Chiara muore, acclamata come santa dai suoi concittadini. La Chiesa intera non tarda a riconoscere ufficialmente la sua santità, canonizzandola a soli due anni dalla morte. Le sue spoglie mortali vengono portate in città, ed ella riceve sepoltura nella chiesa di San Giorgio, ove in breve viene costruita la basilica a lei dedicata e dove si stabiliscono le sorelle: intorno al 1260 esse salgono nel grande monastero edificato accanto alla basilica.

Non è un cambiamento da poco, e forse in qualche modo riflette quelle che erano le tensioni ben più accese e profonde che attraversavano l'Ordine dei Minori, implicando la necessità di custodire l'intuizione delle origini nei profondi e a volte drammatici cambiamenti che segnarono la storia del francescanesimo già nei primi decenni. Per le sorelle, forse, questo ritorno in città è pure segno della fatica di rimanere nella precarietà, nella periferia, senza difese né garanzie.

L'evoluzione dei fatti, il passaggio successivo alla *Regola* di Urbano IV, il dialogo e il confronto con l'istituzione ecclesiale, il processo storico e i cambiamenti sociali determineranno una continua ridefinizione di modalità e forme e un'attualizzazione in relazione ai cambiamenti. Il carisma clariano rimane però vivo, nella vita di tante donne che hanno scelto di vivere il Vangelo seguendo il Crocifisso povero, nel loro desiderio di essere *Sorelle povere*. Sarà il XX secolo, con il movimento di ritorno alle origini nella riscoperta dell'autenticità del carisma legato al Concilio Vaticano II, a dare ai monasteri un rinnovato slancio nella ricerca della propria identità più vera.

Il carisma si incarna in un luogo e in un tempo. Chiara ha definito la propria chiamata restando in dialogo con il suo contesto, con le sorelle e i fratelli, e ha saputo così essere segno di Vangelo dentro la sua storia, il suo mondo, il suo tempo. Dopo di lei, tante donne, abbracciando la sua "forma di vita", hanno cercato di tenere viva la medesima tensione. Anche oggi i monasteri possono offrirsi come luogo di incontro: case in cui ciascuno possa trovare un segno della presenza di Dio, manifestato nella povertà e nella fraternità. Ogni monastero di *Sorelle povere*, là dove è collocato, nelle città e nelle periferie odierne, è chiamato a tessere e custodire legami, ricevendo il dono di chi "viene in aiuto alla povertà" delle sorelle con amicizia e premura, accogliendo chi cerca uno spazio di ascolto o un luogo ove deporre il peso di fatiche o sofferenze, offrendo una parola di speranza nella comunione della preghiera, facendosi umile e trasparente riflesso della misericordia di Dio. Chiara sapeva ascoltare, sapeva accogliere e guarire quanti bussavano alla porta di San Damiano, toccando quell'umanità ferita e facendo su di essa il segno della Croce. Papa Francesco, nell'incontro al Protomonastero di Assisi, ha rivolto alle sorelle proprio l'invito ad avere «una grande umanità»: umanità che passa per la strada dell'Incarnazione del Verbo, la strada di Gesù Cristo; essere «umane, capire tutte le cose della vita, essere persone che sanno capire i problemi umani, che sanno perdonare, che sanno chiedere al Signore per le persone»[1]. In questo invito c'è il senso di una vocazione che, ancora oggi, ha il dono e la responsabilità di essere segno del Dio-con-noi: segno che parla nella povertà e che si manifesta nella fraternità.

Resta aperta la sfida, oggi, per le *Sorelle povere* sparse in tutto il mondo, di incarnare lì dove sono il proprio carisma, nella relazione viva e vitale con i fratelli e le sorelle, offrendo con coerenza e umiltà, nella loro umanità, il volto di una fraternità abitata dalla carità e di una povertà scelta nella libertà e abbracciata per amore.

---

[1] Papa Francesco, incontro con le Sorelle povere del Protomonastero, Basilica di Santa Chiara, Assisi, 4 ottobre 2013.

APPENDICE

La Benedizione di santa Chiara

Nel nome del Padre del Figlio e dello Spirito Santo.
Il Signore vi benedica e vi custodisca.
Vi mostri la sua faccia e abbia misericordia di voi.

Volga verso di voi il suo volto e vi dia pace, sorelle e figlie mie, e a tutte le altre che verranno e rimarranno nella vostra comunità, e alle altre ancora, tanto presenti che venture, che persevereranno fino alla fine negli altri monasteri delle povere dame.

Io Chiara, ancella di Cristo, pianticella del beatissimo padre nostro san Francesco, sorella e madre vostra e delle altre sorelle povere, benché indegna, prego il Signore nostro Gesù Cristo, per la sua misericordia e per l'intercessione della santissima sua genitrice, santa Maria, e del beato Michele arcangelo e di tutti i santi angeli di Dio, del beato Francesco padre nostro e di tutti i santi e le sante, che lo stesso Padre celeste vi dia e vi confermi questa santissima benedizione sua in cielo e in terra: in terra, moltiplicandovi nella grazia e nelle sue virtù fra i servi e le ancelle sue nella Chiesa sua militante; e in cielo, esaltandovi e glorificandovi nella Chiesa trionfante fra i santi e le sante sue.

Vi benedico nella mia vita e dopo la mia morte, come posso, con tutte le benedizioni, con le quali il Padre delle misericordie ha benedetto e benedirà i suoi figli e le sue figlie in cielo e sulla terra, e con le quali il padre e la madre spirituale ha benedetto e benedirà i figli suoi e le figlie spirituali. Amen.

Siate sempre amanti delle anime vostre e di tutte le vostre sorelle, e siate sempre sollecite nell'osservare quelle cose che avete promesso al Signore.

Il Signore sia sempre con voi e voglia il Cielo che voi siate sempre con lui.

Amen.

Bibliografia

ACCROCCA F., *La conversione di Chiara d'Assisi. Un percorso attraverso le Fonti*, Porziuncola, Assisi 2012.

ACQUADRO C.A., *Sulle orme di Gesù povero. Chiara d'Assisi e il suo itinerario di vita*, Porziuncola, Assisi 2014.

BARTOLI M., *Chiara. Una donna tra silenzio e memoria*, San Paolo, Milano 2001.

– "La conversione di Chiara d'Assisi", in MARANESI P. (a cura di), *Chiara d'Assisi. Storia memoria attualità*, pp. 7-32.

BOCCALI G. (a cura di), *Santa Chiara di Assisi. I primi documenti ufficiali: Lettera di annunzio della sua morte, Processo e Bolla di canonizzazione*, Porziuncola, Assisi 2002.

CASAGRANDE G., *Intorno a Chiara. Il tempo della svolta: le compagne, i monasteri, la devozione*, Porziuncola, Assisi 2011.

Chiara d'Assisi: vangelo al femminile, Edizioni Biblioteca Francescana (Tau 16), Milano 2013.

CREMASCHI C.G., *Chiara d'Assisi. Un silenzio che grida*, Porziuncola, Assisi 2009.

Fonti Francescane. Terza edizione rivista e aggiornata. Scritti e biografie di san Francesco d'Assisi. Cronache e altre testimonianze del primo secolo francescano. Scritti e biografie di santa Chiara d'Assisi. Testi normativi dell'Ordine Francescano Secolare, EFR - Editrici Francescane, Padova 2011.

GUIDA M., "Chiara d'Assisi: dalla conversione alla promessa di obbedienza a Francesco", in *Chiara d'Assisi: vangelo al femminile*, pp. 23-68.

– *Una leggenda in cerca d'autore. La Vita di santa Chiara d'Assisi*, Société des Bollandistes, Bruxelles 2010.

FEDERAZIONE S. CHIARA DI ASSISI DELLE CLARISSE DI UMBRIA-SARDEGNA, *Il Vangelo come forma di vita. In ascolto di Chiara nella sua Regola,* Messaggero, Padova 2007.

MARANESI P. (a cura di), *Chiara d'Assisi. Storia memoria attualità* (Convivium Assisiense – Itinera Franciscana, 4), Cittadella, Assisi 2012.

MARANESI P., *La clausura di Chiara d'Assisi. Un valore o una necessità?,* Porziuncola, Assisi 2012.

– *Chiara e Francesco. Due volti dello stesso sogno* (Convivium Assisiense – Itinera Franciscana, 8), Cittadella, Assisi 2015.

SOMMARIO

gliARCHI

Come archi che, pietra su pietra, scavalcano fiumi e distanze, così i volumetti di questa collana offrono brevi letture di temi d'attualità, spunti di riflessione e contributi di spiritualità nel tentativo di colmare divisioni che spesso si credono insuperabili, unendo rive solo apparentemente opposte e aprendo porte su realtà da riscoprire.

I volumi della collana